Roger COLLIN

DOCTEUR EN DROIT

AVOCAT A LA COUR D'APPEL

ÉTUDE SUR LE PROJET DE LOI

RELATIF A LA

PROTECTION DES ŒUVRES DE SCULPTURE

Déposé sur le Bureau de la Chambre des Députés
le 20 Février 1900

PAR MM. LEYGUES, *Ministre de l'Instruction Publique et des Beaux-Arts*
ET MILLERAND, *Ministre du Commerce.*

PARIS

LIBRAIRIE NOUVELLE DE DROIT ET DE JURISPRUDENCE

ARTHUR ROUSSEAU, ÉDITEUR

14, RUE SOUFFLOT ET RUE TOULLIER, 13

1900

ÉTUDE SUR LE PROJET DE LOI

DE MM. LEYGUES et MILLERAND

RELATIF A LA

PROTECTION DES ŒUVRES DE SCULPTURE

Roger COLLIN

DOCTEUR EN DROIT

AVOCAT A LA COUR D'APPEL

ÉTUDE SUR LE PROJET DE LOI

RELATIF A LA

PROTECTION DES ŒUVRES DE SCULPTURE

Déposé sur le Bureau de la Chambre des Députés
le 20 Février 1900

PAR MM. LEYGUES, *Ministre de l'Instruction Publique et des Beaux-Arts*

ET MILLERAND, *Ministre du Commerce.*

PARIS

LIBRAIRIE NOUVELLE DE DROIT ET DE JURISPRUDENCE

ARTHUR ROUSSEAU, ÉDITEUR

14, RUE SOUFFLOT ET RUE TOULLIER, 13

1900

ÉTUDE SUR LE PROJET DE LOI DE MM. LEYGUES ET MILLERAND

RELATIF A LA

PROTECTION DES ŒUVRES DE SCULPTURE

Sommaire.

I. Exposé de la législation actuelle. Lois de 1793 et de 1806. Sculpture d'art proprement dite et sculpture d'ornements ou d'industrie. Double but de la loi proposée par MM. Leygues et Millerand. — II. De la sculpture d'art proprement dite. Consécration législative des divers systèmes qui lui accordent protection. — III. De la sculpture d'ornements ou d'industrie. Exposé des diverses controverses qui divisent actuellement la doctrine et la jurisprudence. Théorie de la *destination industrielle*. Assimilation de la sculpture d'art et de la sculpture d'ornements. — IV. Critiques qu'on pourrait adresser au projet de loi tel qu'il est actuellement conçu. Condition juridique des peintres et dessinateurs d'ornements. Projet de nouvelle rédaction de la loi basée sur les mêmes principes. Articles 425 et suivants du Code pénal. Conclusion.

I

La propriété littéraire et artistique est, actuellement encore, régie dans notre droit par une disposition législative fort ancienne, puisqu'elle remonte à plus de cent ans. Nous voulons parler ici de la loi des 19-24 juillet 1793, dont l'article premier est ainsi conçu :

« Les auteurs d'écrits en tous genres, les compositeurs

« de musique, les peintres et dessinateurs, qui feront gra-
« ver des tableaux ou dessins, jouiront du droit exclusif,
« durant leur vie entière, de vendre, faire vendre, distri-
« buer leurs ouvrages dans le territoire de la République
« et d'en céder la propriété en tout ou en partie. »

Cet article, on le voit, reste absolument muet sur les œuvres de sculpture; aussi, MM. Leygues et Millerand, pour répondre aux très légitimes critiques qui lui ont été adressées sur ce point, ont-ils déposé le 20 février 1900, sur le bureau de la Chambre des députés, un projet de loi composé du seul et unique article, dont la teneur suit :

« Il est ajouté à l'article 1er de la loi des 19-24 juillet 1793 un paragraphe ainsi conçu : « Le même droit appar-
« tiendra aux sculpteurs de figures ou d'ornements. »

Ce projet de loi fut favorablement accueilli, mais des préoccupations d'ordres divers en ont, jusqu'à ce jour, retardé la discussion. Il serait à souhaiter cependant qu'on ne l'oubliât point et qu'on évitât de lui faire subir le sort qu'on a presque toujours réservé aux diverses lois relatives à la propriété littéraire et artistique. La dernière d'entre ces lois, celle du 9 février 1895, avait été proposée en 1879. Votée le 8 novembre 1894, elle ne fut promulguée que trois mois après. Son élaboration avait donc duré plus de quinze ans ! C'est là un fâcheux exemple qui, nous l'espérons, ne sera pas suivi dans notre cas. Le projet dont la Chambre des députés vient d'être saisie est intéressant à tous égards, et il mérite les honneurs, au Parlement, d'une discussion immédiate et approfondie.

Tel qu'il est conçu, ce projet nous semble indiquer, de la part de ses auteurs, l'intention de poursuivre un double but. Ils auront voulu, tout d'abord, combler une lacune de l'article 1er de la loi de 1793, qui, comme nous l'avons vu plus haut, est resté muet sur les œuvres de sculpture. Mais ce n'est pas tout. Ils auront voulu ensuite, et surtout sans doute, faire cesser le conflit qu'on a fait naître, au sujet de la sculpture d ornements, entre ladite loi de 1793 et la loi de 1806 sur les conseils de prud'hommes et sur les dessins de fabrique.

Nous allons examiner successivement ces deux propositions.

II

La première chose que MM. Leygues et Millerand se sont proposée, c'est donc, ainsi que nous venons de le voir, de réparer un oubli du législateur de 1793, qui a négligé de faire figurer les œuvres de sculpture dans la liste des œuvres auxquelles il accordait sa protection. Il y a eu là, de sa part, une omission manifeste et regrettable, évidemment. Mais, à vrai dire, et quel que soit l'intérêt qu'il puisse y avoir, en principe, à assurer aux sculpteurs, par une disposition législative, une protection égale à celle dont jouissent les hommes de lettres, les musiciens et les peintres, il faut bien reconnaître cependant, que des deux buts poursuivis, celui-ci est de beaucoup le moins intéressant.

Depuis longtemps, en effet, la jurisprudence et la doctrine tout entières se sont plu à accorder à la loi de 1793 la plus large portée d'application. On a reconnu que l'énumération de son article premier n'était pas limitative et tous les auteurs, s'en rapportant à l'esprit de la loi plutôt qu'à son texte, ont étendu aux sculpteurs, d'un commun accord avec les tribunaux, le bénéfice de ses dispositions (1). Ce système nous paraît non seulement logique et inspiré par les principes de la plus saine interprétation des lois, mais il nous paraît encore absolument juridique. On pourrait invoquer pour le défendre deux arguments de texte, probants à notre avis. Ces deux arguments sont les suivants.

Le premier est tiré de l'article 7 de la loi de 1793, qui manifeste formellement, de la part du législateur, l'intention de protéger « toutes les productions de l'esprit ou du génie appartenant aux beaux-arts ». Ce sont les propres termes dans lesquels il est conçu. Le second est tiré de l'article 427 du Code pénal, qui inflige au contrefacteur une amende variant de 100 à 2.000 francs et qui déclare en outre « que les planches, moules ou matrices des objets contrefaits seront confisqués ». Or, en présence de ces deux textes, il est impossible de ne pas considérer, d'une part, les œuvres de sculpture « comme une production de l'esprit appartenant aux beaux-arts » et de ne point reconnaître, par cela même, qu'elles sont implicitement contenues dans les prévisions de la loi. Il est également impossible, d'autre part, de ne point observer que le mot

(1) Cf. Pouillet, *Traité de la propriété littéraire et artistique*, p. 84.

moule, employé par l'article 427, ne peut s'appliquer qu'à une œuvre de sculpture, et que dès lors on a entendu permettre au sculpteur d'invoquer les mesures répressives édictées contre les contrefacteurs, pour poursuivre ces derniers devant les tribunaux correctionnels et pour faire respecter ses droits.

C'est donc à tort, selon nous, qu'on s'est plu, lors du dépôt du projet de loi que nous étudions, à nous représenter la situation des sculpteurs comme absolument abandonnée (1). Si tant de sculpteurs modernes ont supporté, sans se plaindre, la contrefaçon de leurs œuvres, c'est qu'ils y trouvaient, la plupart du temps, un certain avantage ; cette reproduction, même illicite, les faisait connaître et vulgarisait leur nom. En poursuivant leurs contrefacteurs devant la juridiction civile ou répressive, ils auraient pu invoquer des précédents très sérieux et une jurisprudence, qui, pour être peu abondante, n'en est pas moins formelle et nettement assise (2). Le projet de loi soumis au Parlement, aurait donc moins pour effet, s'il était voté, de faire cesser un état de choses regrettable, que de consacrer législativement en quelque sorte, un système admis par tous les auteurs et que plusieurs décisions judiciaires sont déjà venues confirmer.

(1) Cf. dans le même sens un article de M. Alcide Darras, dans le *Droit d'auteur*, année 1900, p. 42.

(2) V. notamment, Paris, 16 février 1854, Samson, Sirey, 54.2.401 ; Paris, 26 février 1868, Carpeaux, Pataille, 1868, p. 195 ; Cass. Belge, 5 novembre 1860, Sermon, Pataille, 1865, p. 74.

III

Le second objet du projet de loi déposé par MM. Leygues et Millerand, est de faire cesser, nous le savons, le conflit fâcheux qu'on a fait naître entre la loi du 19 juillet 1793 et la loi du 18 mars 1806 sur les dessins de fabrique. Ce résultat, s'il était atteint, serait d'un intérêt immédiat et d'une utilité pratique incontestable. Il importe, en effet, de délimiter avec exactitude la sphère d'application des deux lois que nous venons de citer et de faire cesser, au plus tôt, une controverse qui divise la doctrine et la jurisprudence et qui rompt même parfois l'unité de la jurisprudence elle-même.

Nous avons dit plus haut que les œuvres de sculpture étaient, d'après l'opinion la plus généralement admise, actuellement protégées par la loi et que la première partie du projet soumis au vote du Parlement n'avait d'autre but, à notre avis, que de dissiper définitivement tous les doutes qui auraient pu naître sur ce point. Mais que faut-il donc entendre au juste par ces mots « œuvres de sculpture » ? La première idée qui se présente à l'esprit est de confondre sous cette dénomination, toutes les œuvres dans lesquelles un artiste a cherché à rendre, en relief, par le bronze ou par le marbre, un geste, une expression, une figure ou une attitude. Cette épithète « d'œuvres de sculpture » nous paraît donc, au premier abord, devoir désigner toutes ces œuvres purement esthétiques, qui n'ont aucune destination industrielle, qui ne revêtent aucun caractère d'utilité pratique et dans lesquelles l'artiste n'a cherché qu'à réaliser un idéal qu'il avait conçu. Telles seraient, par exemple, pour ne citer que quelques-unes des plus connues parmi les œuvres modernes, la *Diane* de Falguière, le *David* de Mercié, le *Chanteur Florentin* de Paul Dubois. Mais ce ne sont pas là, cependant, les seules œuvres auxquelles doive s'appliquer la dénomination d'œuvres de sculpture. Il en est d'autres encore qui méritent ce même titre et qui ne se distinguent des précédentes que, parce qu'au lieu d'être des œuvres purement et simplement artistiques, elles peuvent également rendre des services et qu'elles sont susceptibles d'une application quelconque, industrielle ou privée. Nous pourrions citer, dans cet ordre d'idées, des objets de ferronnerie ou d'orfèvrerie qui sont de véritables chefs-d'œuvre. Il y a des armes, des armures, des objets d'ameublement, des torchères, des surtouts de table, qui présentent un véritable caractère artistique et qui témoignent, de la part de leur auteur, d'une conception vraiment neuve, heureuse et originale. Beaucoup de ces objets figurent au musée de Cluny ; beaucoup d'autres ont valu, de nos jours encore, une juste et légitime réputation à ceux qui les avaient créés. Ces diverses œuvres sont-elles actuellement protégées ? Nous n'hésiterions point, en ce qui nous concerne, à nous prononcer pour l'affirmative et nous invoquerions à l'appui de notre système, l'opinion de divers auteurs d'une compétence indiscutable et indiscutée en la matière (1). Cette opinion n'est malheureusement pas universellement admise. La jurisprudence, qui la partagea pendant un certain temps, semble s'inspirer aujourd'hui de principes diamétralement opposés. Elle refuse aux œuvres dont nous venons de parler la protection de la loi de 1793 et prétend les soumettre aux dispositions de la loi du 18 mars 1806. C'est cette controverse, issue de la fameuse *théorie de la destination industrielle*, que le projet de loi de MM. Leygues et Millerand, par sa mention expresse « sculpteurs de figures *ou d'ornements* »,a pour objet de faire cesser.

Il nous semble, quant à nous, qu'on ne peut invoquer aucune bonne raison, pour soutenir qu'on doit refuser à une œuvre d'art, par cela seul qu'elle peut avoir une destination industrielle et qu'elle doit être tirée à un certain nombre d'exemplaires, la protection de la loi de 1793. Nous l'avons dit plus haut, on s'accorde à reconnaître à cette loi la plus large portée d'application. Il est même un fait certain, c'est que le législateur n'a exigé qu'une seule chose de celui qui invoque le bénéfice de ses dispositions, c'est qu'il ait tenté, par un effort personnel, de faire une œuvre originale,de donner une forme à sa pensée. « L'absence de création entraîne l'absence de droit », dit excellemment Me Pouillet ; mais l'éminent auteur ajoute aussitôt, que cette seule tentative de création est une condition

(1) V. notamment Renouard, *Traité des droits d'auteur*, t. 2, p. 81 ; Pouillet, *op. cit.*, p. 89 ; Georges Bry, *Législation industrielle*, p. 664 et suiv. et p. 676.

à la fois nécessaire et suffisante. « La loi ne juge pas les œuvres, dit-il, elle n'en pèse ni le mérite ni l'importance. » A ses yeux donc, l'effort seul est intéressant, le résultat importe peu. C'est en vertu de ces principes que les tribunaux n'ont jamais hésité à protéger une œuvre de médiocre valeur au même titre qu'une statue de maître, à protéger une statuette sans style au même titre qu'un bronze de Carpeaux (1).

Ces divers points acquis, il nous semble tout à fait arbitraire de faire une distinction entre les œuvres d'art purement artistiques et les œuvres d'art à destination industrielle. Nous ne concevons pas pourquoi on refusera à la maquette d'un sculpteur la protection de la loi, parce que, au lieu d'être reproduite à quelques rares exemplaires et d'être destinée à figurer sur un socle, on doit la transformer en objet d'orfèvrerie, en applique, voire même en objet de bureau ou en garniture de cheminée. On peut voir actuellement figurer, à l'Exposition Universelle, une pendule de Falconet, la fameuse pendule des Trois Grâces, qui fait l'admiration de tous et qui a trouvé acquéreur à plus d'un million. On pourrait citer également ici les paroles que Victor Hugo faisait entendre en 1846, à l'appui de la même thèse, lorsqu'il rappelait que Bernard Palissy était un potier, que Benvenuto Cellini était un orfèvre et que Michel-Ange et Raphaël, ayant concouru pour le modèle d'un

(1) Cf. décisions précitées.

chandelier d'église, le plan de chacun des deux maîtres avait été exécuté (1).

Cette théorie, d'ailleurs, a trouvé un écho dans de nombreuses décisions de jurisprudence que nous ne rappellerons ici que pour mémoire. C'est ainsi qu'on a vu accorder la protection de la loi à des modèles de chenets en fonte (2), à des marteaux de porte (3), à des poignées de sabres et de couteaux (4).

Mais une théorie contraire, depuis quelque temps déjà, s'est fait jour, d'après laquelle on prétend, à l'inverse des principes que nous venons d'exposer, que la destination industrielle d'une œuvre d'art joue un rôle prépondérant, que le caractère industriel prime en quelque sorte le caractère artistique et que, dès lors, cette œuvre, en raison de son utilité même, doit être protégée, non point par la loi de 1793, mais par la loi du 18 mars 1806 sur les dessins de fabrique (5).

On pourrait faire à ce système les reproches suivants.

Au point de vue juridique, tout d'abord, il nous paraît, non seulement, être en opposition manifeste avec l'esprit de la loi de 1793, mais il nous paraît étendre encore, d'une façon tout à fait arbitraire, les dispositions de la loi

(1) *Moniteur*, 1846, p. 425.

(2) Trib. corr. Toulouse, 22 décembre 1835, Gastambide, p. 368.

(3) Bordeaux, 21 janvier 1836, Morize, Gastambide, p. 387, et Lyon, 9 décembre 1891, Bezault, *Pat.*, 1892, p. 162.

(4) Paris, 12 décembre 1861, Delacour, *Pat.*, 1862, p. 61.

(5) Rej., 16 mai 1862, Barbedienne, *Pat.*, 1862, p. 417 ; Paris, 13 juillet 1865, Bouchot, *Pat.*, 1865, p. 337 ; Paris, 8 mars 1866, Christofle, *Pat.*, 1866, p. 236 ; Paris, 28 février 1890, *Pat.*, 1890, p. 177 ; Lyon, 9 décembre 1891, *Pat.*, 1892, p. 163.

du 18 mars 1806. Nous savons en effet, que le législateur a voulu, avant toutes choses, éviter que les tribunaux se transforment en jurys d'art, et fassent du prétoire une académie où toutes les discussions d'esthétique eussent été admises. En admettant même que leur compétence, en cette matière, eût été égale à leur compétence en matière juridique, il était à craindre que la multiplicité des décisions rendues en sens contraire, n'influât de regrettable façon sur l'unité de la jurisprudence. En se faisant juges de la question de savoir si l'œuvre qu'on leur présente est, oui ou non, une œuvre d'art, les tribunaux nous paraissent donc violer un des principes fondamentaux qui ont présidé à la confection de la loi. En second lieu, ces mêmes tribunaux, en étendant la portée d'application de la loi de 1806, pour la mettre en opposition avec la précédente, nous paraissent encore faire une fausse interprétation des textes. La loi de 1806 n'a jamais eu pour but d'infirmer la loi de 1793. Elle s'adresse à une catégorie spéciale de dessins, aux dessins dits *de fabrique*, à ces dessins qui n'ont aucune existence par eux-mêmes, qui ne se comprennent, qui n'existent, que confondus, incorporés en quelque sorte, avec le produit fabriqué. Cette loi a été faite en vue de protéger l'industrie lyonnaise. Pourquoi aujourd'hui la met-on en conflit avec la loi de 1793 ? Pourquoi, l'invoque-t-on pour soutenir la *théorie de la destination industrielle* ? Nous ne nous l'expliquons point (1).

(1) Cf. Georges Bry, *op. cit.*, p. 670 et surtout Pouillet, *op. cit.* également, p. 95.

Les défauts du système que nous venons de signaler sont purement théoriques. Nous n'aurions donc pas à nous en préoccuper outre mesure, s'ils n'avaient malheureusement, dans la pratique, des conséquences extrêmement fâcheuses. La volonté du législateur d'interdire aux tribunaux le rôle de critiques d'art, se trouvant méconnue, il règne aujourd'hui une véritable anarchie dans la jurisprudence. Les décisions multiples et contradictoires se croisent, inspirées par le plus fâcheux arbitraire. On accorde la protection de la loi de 1793 à un modèle de marteau de porte, on la refuse à un roitelet servant de presse papier. D'autre part, avec l'application rigoureuse de la théorie de la destination industrielle, on arrive à des résultats parfois absurdes et inadmissibles (1). Pour en donner un exemple, emprunté à l'exposé des motifs de M. Leygues, nous citerons le cas suivant. Une statue qui tient dans sa main une torche, est un objet d'art. Sans changer quoique ce soit à sa forme, on la réduit, on évide la torche et on en fait un porte-flambeau ; elle devient un objet d'industrie. Pourquoi ? Nous n'en savons rien. Mais

(1) MM. Renouard et Gastambide faisaient déjà ressortir, vers 1840, l'impossibilité presque absolue où l'on se trouve, de nos jours, de distinguer une œuvre d'art d'un objet de commerce. Beaucoup sont, en effet, à la fois l'un et l'autre « objet d'art, car le modèle est l'ouvrage d'un artiste de premier mérite ; objet de commerce, car le moulage, ou tel autre procédé de reproduction, permet d'en multiplier les exemplaires en très grand nombre et à très bas prix ». M. Accolas faisait remarquer de même, en 1888, que cette distinction devenait de plus en plus ardue, aujourd'hui surtout que « tant de métiers tendent à s'élever jusqu'au niveau de l'art ». Gastambide, *Traité des contrefaçons en tous genres*, p. 361 ; Accolas, *Propriété littéraire*, p. 37 ; Pouillet p. 89 et suivantes.

ce n'est pas tout. Non seulement la jurisprudence est actuellement si hésitante, que l'issue des moindres procès, en notre matière, est excessivement douteuse, mais encore, l'application fausse de la loi de 1806, entraîne avec elle l'accomplissement d'une formalité qui n'existe pas avec la loi de 1793. Nous voulons parler de la formalité du dépôt. On s'accorde, en effet, aujourd'hui, à reconnaître, qu'il est certaines œuvres, qui, tout en étant parfaitement susceptibles de propriété littéraire et artistique, aux termes de l'article 1er de la loi de 1793, ne sont cependant pas soumises à l'obligation du dépôt prescrit par son article 6. Il en est ainsi des productions orales, des tableaux et des statues. Comme l'accomplissement de cette formalité serait, ou bien impossible, ou bien fort onéreux, la doctrine et la jurisprudence tout entières sont unanimes à déclarer, que le peintre et le sculpteur ne sont pas forcés de se soumettre aux exigences de la loi. Elle ne parle au surplus que des œuvres *imprimées ou gravées* (1). En soumettant certaines œuvres d'art, par cela seul qu'elles ont ou qu'elles peuvent avoir une destination industrielle, au régime de la loi du 18 mars 1806, on les soumet, au contraire, par cela même, à l'obligation du dépôt prescrit par son article 15 (2). Or c'est là un inconvénient grave.

(1) Paris, 13 août 1837, Pernoux, *Gaz. Trib.*, 31 août suivant; Douai, 3 juin 1850, Solon, Dall., 1852.2.144; Cass., 21 juillet 1855, Jouvencel, *Pat.*, 1855, p. 73; Orléans, 1er avril 1857, Fontana, *Pat.*, 1857, p. 97; Paris, 26 février 1868, Carpeaux, *Pat.*, 1868, p. 195.

(2) Ce dépôt doit être effectué aux archives du conseil des prud'hommes.

Non seulement cette formalité, avec toutes les démarches qu'elle nécessite, est une véritable entrave (1), mais encore la sanction que comporte son inaccomplissement est des plus sévères. Du dépôt dépend, en effet, la recevabilité de l'action en contrefaçon ; toute action en justice lui demeure subordonnée (2). Le certificat délivré par le conseil des prud'hommes, lors du dépôt effectué à ses archives, sera exigé par les tribunaux, qui devront déclarer la demande non recevable, si le demandeur ne peut justifier de l'accomplissement de cette formalité (3). On pourrait, au surplus, reproduire ici, en présence de cet état de choses, ce que notre très distingué confrère, M. Georges Maillard, écrivait sur une question absolument identique à la nôtre et que nous étudierons plus loin, celle des albums, affiches, dessins et catalogues, d'un usage courant dans le commerce et l'industrie. Si la théorie de la destination industrielle, disait-il (4), était définitivement admise, « aucun prospectus ou album ne serait protégé à l'heure actuelle, aucun

(1) V. les articles 15, 16 et suiv. de la loi.

(2) Il importe cependant de bien faire remarquer ici, que, pas plus sous l'empire de la loi de 1806 que sous celui de la loi de 1793, le dépôt ne crée la propriété. Le dépôt, en effet, a fort justement dit M. Lyon-Caen, est *déclaratif* et non *attributif* de propriété, et M. Pouillet ajoute, avec toute l'autorité qu'on lui reconnaît en pareille matière : « Du dépôt dépend, non pas la propriété de l'ouvrage, mais la recevabilité de l'action en contrefaçon, » Cf. Pouillet, *op. cit.*, p. 433 et Georges Bry, *op. cit.* également p. 683.

(3) Trib. com. Seine, 13 octobre 1859, Gilles, *Pat.*, 1859, p. 355 ; Paris, 3 août 1854, Ricroch, Blanc, p. 313 ; Paris, 30 mai 1877, Aigon, *Pat.*, 1877, p. 287 ; Paris, 27 novembre 1877, Widmann, *Gaz. Trib.*, 6 décembre suivant.

(4) Note mise au bas d'un arrêt, *Pat.*, 1894, p. 42.

industriel n'ayant songé à se conformer à la loi de 1806 pour la conservation de ses droits et à effectuer le dépôt au secrétariat des prud'hommes ». Ce qui est est vrai des dessins à destination industrielle, l'est également des sculptures et objets d'art, utilisés dans l'industrie (1).

Telle est, exposée avec quelques détails, la controverse fâcheuse qui divise aujourd'hui la doctrine et la jurisprudence. Il n'y a aucun espoir de la voir cesser bientôt, car la Cour de cassation, revenant aujourd'hui sur une jurisprudence antérieure (2), évite toujours de se prononcer chaque fois qu'elle est saisie de la question. Elle hésite à résoudre le conflit qu'on a fait naître entre les deux lois que nous venons d'étudier et rejette tous les pourvois basés sur la fausse interprétation de la loi de 1806, en se retranchant derrière l'appréciation souveraine du fait qui appartient en dernier ressort aux Cours d'appel (3). Il y a donc là un état de choses auquel une disposition législative peut seule actuellement remédier, et c'est là, nous l'espé-

(1) La question de savoir, maintenant, quand le dépôt doit être valablement effectué est des plus délicates. Nous n'hésiterions point à dire, quant à nous, que, le dépôt étant déclaratif et non attributif de propriété, le fabricant devra pouvoir revendiquer, *une fois le dépôt opéré* contre tout usurpateur, *antérieur ou postérieur au dépôt*. *Sic*, Georges Bry, *op. cit.*, p. 686. La jurisprudence est en sens contraire. Cf. d'ailleurs, Pouillet, *op. cit.*, p. 437 et du même, *Traité des dessins de fabrique*, n° 89 et suiv.

(2) Cass., 21 juillet 1855, Jouvencel, *Pat.*, 1855, p. 73. Il faut reconnaître cependant, qu'on rencontre, parfois encore, quelques décisions isolées rendues dans notre sens. V. notamment, Paris, 5 février 1888, *Pat.*, 1890, p. 172 ; Paris, 28 février 1890, Burls, *Pat.*, 1890, p. 177 ; Lyon, 9 décembre 1891, Bezault, *Pat.*, 1892, p. 162.

(3) Cass., 18 décembre 1893, *Pat.*, 1894, art. 3687 ; Cass. crim., 3 mars 1898, Charrier contre Tixier et autres, *Pat.*, 1899, p. 72.

rons du moins, le résultat qu'auront obtenu MM. Leygues et Millerand, s'ils font sanctionner, par un vote du Parlement, le projet de loi qu'ils lui ont soumis.

La rédaction de ce projet maintenant, est-elle suffisamment claire et explicite, pour que tous les doutes et toutes les controverses que nous venons d'étudier soient désormais, grâce à lui, définitivement éteintes ? Certains auteurs ne l'ont pas pensé, et ils ont manifesté le désir de lui voir substituer la formule précédemment adoptée aux Congrès tenus à Londres, à Heidelberg et à Zurich en 1898 et 1899 et qui est infiniment plus étendue (1).

Nous ne partageons point, tout à fait, cette manière de voir, et la rédaction proposée nous satisfait en principe. Nous souhaitons seulement, que la discussion du projet, qui aura lieu devant la Chambre des députés et ensuite devant le Sénat, soit suffisamment approfondie, pour que l'intention du législateur en ressorte bien évidente, et qu'ainsi les travaux préparatoires ne puissent plus laisser à l'avenir aucun doute sur la question.

IV

Le vœu que nous venons d'exprimer, n'est pourtant pas

(1) Cette formule est la suivante. Les divers congrès ont émis le vœu : « Qu'il soit reconnu par toutes les législations, que toutes les œuvres des arts graphiques et plastiques soient également protégées, quels que soient le mérite, l'importance, l'emploi et la destination, même industrielle de l'œuvre, et sans que les cessionnaires soient tenus à d'autres formalités que celles imposées aux auteurs. » Alcide Darras, *Droit d'auteur*, 1900, p. 42.

le seul, à vrai dire, que nous ait inspiré la rédaction nette et concise, mais un peu étroite sans doute, du projet de loi dû à l'initiative des deux ministres de l'Instruction publique et du Commerce. Nous voudrions donc appeler, brièvement ici, l'attention du législateur, sur quelques questions, un peu spéciales sans doute, mais inhérentes à notre matière et dont l'étude permettrait de donner plus d'extension aux débats.

Admettons, en effet, que les termes déjà cités « sculpteurs de figures ou d'ornements » soient suffisamment explicites, pour qu'on puisse étendre, sans difficultés désormais, la protection de la loi de 1793 à toutes les œuvres dont nous avons parlé plus haut. On aura, sans conteste, réalisé de la sorte un progrès considérable sur l'état de choses existant, mais le nombre de ceux appelés à en bénéficier sera en somme assez restreint, beaucoup plus restreint en tous cas qu'il ne devrait l'être normalement. Le projet de loi que nous discutons laisse dans l'ombre toute une catégorie d'artistes, qui, en présence des controverses que nous avons étudiées et dans l'état actuel de la jurisprudence, sont, aujourd'hui encore, presque complètement désarmés. Nous voulons parler ici des peintres d'affiches, des peintres décorateurs, de tous ceux, en un mot, qui se consacrent plus particulièrement à cette branche spéciale du dessin, qu'on est convenu d'appeler du *dessin d'ornement*.

La sollicitude de MM. Leygues et Millerand ne s'est pas étendue aux représentants, parfois illustres, de cette partie si importante de l'art contemporain. Leur situation nous semble cependant, et à bien des égards, digne d'intérêt. Aujourd'hui, en effet, les peintres décorateurs et ornemanistes sont victimes, au même titre que les sculpteurs d'ornements, de l'interprétation restrictive que les tribunaux donnent, en ce qui les concerne, au texte de la loi de 1793. Ils sont victimes, eux aussi, de la fausse *théorie de la destination industrielle*, et n'ont souvent d'autre ressource, quand ils sont l'objet d'une contrefaçon, que d'invoquer la loi de 1806 sur les dessins de fabrique. Ce système présente les inconvénients graves que nous avons signalés plus haut. Il faut reconnaître pourtant, que ceux qui le défendent, au risque de n'être point logiques avec eux-mêmes, ne pouvaient manquer de reproduire, en ce qui concerne les œuvres de peinture et de dessin, la distinction qu'ils avaient faite au chapitre de la sculpture. Dans l'un et l'autre cas, il y a des œuvres purement artistiques et d'autres à destination industrielle. Il y a, théoriquement du moins, la même différence entre un groupe de Carpeaux et un objet de ferronnerie ou d'orfèvrerie d'art, qu'entre un tableau de maître et ces dessins ou aquarelles, ces affiches, destinés à orner des palissades et des murs, destinés même à servir de réclame ou d'ornements à des enveloppes de produits industriels ou commerciaux. Il est inutile de chercher à réfuter ici, encore une fois, ce système que nous avons combattu plus haut et contre lequel s'élèvent d'excellents auteurs d'une compétence indiscutée en la matière (1). Nous rappellerons

(1) Cf. les renvois précités.

seulement, que la jurisprudence de ces dernières années est en sens contraire, et nous citerons pour mémoire deux arrêts de la Cour de Rouen du 18 janvier 1892 (1) et de la Cour de Paris du 21 janvier suivant (2) et trois jugements du Tribunal civil de la Seine, en date du 20 juin 1891 (3), du 14 mars 1894 (4), et du 25 octobre de la même année (5). Ces décisions ont respectivement refusé la protection de la loi de 1793 à des dessins contenus dans un album industriel, au *Polichinelle-Arlequin* de la ville de St-Denis et aux affiches du Nouveau Cirque représentant les *Noces de Chocolat*, à un menu de restaurant et à un diplôme commémoratif d'exposition d'agriculture. Il est vrai que d'autres décisions, plus récentes, semblent être l'indice, dans certains tribunaux, d'un retour à des principes que nous croyons plus sages et plus juridiques (6) ; mais cette jurisprudence ne se trouve pas, aujourd'hui encore, suffi-

(1) *Pat.*, 1894, art. 3697.

(2) Perrot et Cie c. Magasins de la ville de St-Denis et Dupuy fils, *Pat.*, 1894, art. 3698.

(3) *Pat.*, 1894, art. 3699. Arrêt conf. du 28 juillet 1891, *Pat.*, *eod. loco.*

(4) *Le Droit*, 6 mai suivant.

(5) Chafriol c. Bazin et autres, *Pat.*, 1895, art. 3807.

(6) Cf., en effet, deux arrêts de la Cour de Besançon en date du 13 juillet 1892 et du 22 novembre 1893 (aff. Boussion c. Loiseau, *Pat.*, 1894, p. 42) ; un arrêt de la Cour de Paris du 7 janvier 1895 confirmant un jugement du Tribunal de la Seine en date du 12 janvier 1894, *Pat.*, 1894, art. 3769 et une décision très récente du même Tribunal (8e ch. correct.), aff. Duvoye c. Hamel, en date du 22 nov. 1898, *la Loi*, 10 décembre suivant et *Pat.*, 1899, p. 78, que nous pourrions opposer à celle du 14 mars 1894, précitée. Un dernier jugement, fort intéressant, du Tribunal de Rocroi, aff. Acker c. Lauth et Denis, en date du 8 juin 1899, *Pat.*, 1899, art. 4040, statue enfin absolument dans le sens que nous avons indiqué.

Sur la jurisprudence de la Cour de cassation voir les deux arrêts cités plus haut, p. 19, note 3.

samment assise, pour qu'il n'y ait pas intérêt, à étendre aux peintres décorateurs les bénéfices du projet de loi que nous venons d'étudier et à les faire profiter des avantages qu'on se propose d'accorder aux sculpteurs d'ornements.

C'est, dans ces conditions, que nous proposerions de modifier le projet de MM. Leygues et Millerand, tel qu'il est actuellement conçu, de la façon suivante. Nous voudrions, tout d'abord, qu'on supprimât dans l'article 1er de la loi de 1793, après les mots « peintres et dessinateurs » les mots « qui feront grever des tableaux ou dessins », car, de l'avis unanime, ces mots n'ont aucun sens. Il serait tout à fait déraisonnable de croire, en effet, que les seuls peintres qui aient droit à la protection de la loi, soient ceux qui ont fait « graver leurs tableaux ou dessins ». Cette exigence ne saurait se comprendre, et, si une semblable opinion a pu être autrefois soutenue (1), il faut bien reconnaître qu'elle est, aujourd'hui, complètement abandonnée. Ces mots ne servent qu'à surcharger le texte et ne peuvent, par conséquent, que donner naissance à des confusions. Cette suppression opérée, nous rédigerions l'article 1er de la loi, de la façon suivante : « *Les auteurs d'écrits en tous genres, les compositeurs de musique, les peintres, dessinateurs et sculpteurs de figures ou d'ornements, jouiront, durant leur vie entière*, etc. » Il nous semble que de cette façon, tout en respectant la rédaction primitivement proposée, nous tranchons toutes les diffi-

(1) Articles de M. Allezard, *France judiciaire*, années 1887 et 1888.

cultés et que nous ne créons point, entre deux catégories d'artistes dont les intérêts sont intimement liés, une distinction que, bien évidemment, rien ne saurait justifier.

Nous ne voudrions point terminer cette brève étude sur une question fort intéressante, et souvent assez peu connue, sans rappeler ici que la loi de 1793 est restée muette, non seulement sur les œuvres de sculpture, mais encore sur les œuvres d'architecture. Elle ne parle point non plus, et pour cause, de la protection des œuvres photographiques (1). Il y aurait peut-être lieu, par conséquent, puisqu'on se propose de la remanier, de profiter de la circonstance pour étendre, à ces deux catégories d'œuvres, l'ensemble de ses dispositions. Nous ne nous dissimulons point, cependant, toutes les difficultés qu'un semblable projet pourrait présenter. Sa discussion même nous entraînerait un peu trop loin pour que nous osions l'aborder ici. Il en est d'ailleurs des vieux textes de loi comme des vieux monuments ; il faut y regarder à deux fois avant de vouloir

(1) Au fond, en ce qui concerne les œuvres d'architecture, la jurisprudence et la doctrine, s'en rapportant, ici encore, à l'esprit de la loi de 1793 plutôt qu'à son texte, n'hésitent plus à leur étendre le bénéfice de ses dispositions. Cf. Pouillet, *op. cit.*, p. 108 et Paris, 20 avril 1854, Lesourd, Sirey, 55.2.431.

En ce qui concerne les œuvres photographiques, il nous semble que le jugement de la première chambre du Tribunal civil de la Seine en date du 20 janvier 1899, Aff. Reutlinger contre Mariani, *Gazette du Palais*, 29-30 janvier suivant, et qui leur accorde protection, est appelé à faire jurisprudence (V. notre thèse de doctorat, Rousseau, 1899, p. 188 et suiv.). Mais il y aurait évidemment intérêt, ne fût-ce qu'au point de vue international, à ce que de semblables questions fussent, par voie législative, tranchées définitivement. Cf. Convention de Berne, 1886, art. 4, et art. 2, numéro 1, B, de la Conférence de Paris.

les remettre au goût du jour. Des modifications trop profondes et trop nombreuses risquent d'en compromettre la solidité et d'en détruire l'harmonie. C'est ainsi qu'il y aurait intérêt, peut-être, à faire, pour les photographes surtout, une loi spéciale, et la tâche du législateur serait certainement facilitée sur ce point, par l'étude des nombreux rapports rédigés à la suite des congrès, où la question a déjà été consciencieusement étudiée (1).

Telles sont les quelques observations que nous voulions présenter sur le projet de loi déposé le 20 février 1900 sur le bureau de la Chambre des députés. Il nous semble, que la légère modification que nous proposons d'y apporter, est suffisante, pour que, si les travaux préparatoires, surtout, sont suffisamment explicites, aucun doute ne puisse plus exister à l'avenir sur les controverses que nous avons étudiées. Il ne nous semble même pas nécessaire, ainsi que nous l'avions cru tout d'abord, de faire subir un changement quelconque au texte des articles 425, 426 et 427 du Code pénal, qui constituent la sanction des principes posés dans la loi de 1793. Les mots « ou de toute autre production » contenus dans l'article 425 et les mots « moules ou matrices » de l'article 427, sont suffisamment clairs, nous semble-t-il, pour qu'un sculpteur « de figures ou d'ornements » puisse désormais traduire, sans crainte,

(1) V. en effet les vœux émis par le premier Congrès national de la photographie professionnelle française, tenu à Paris du 1er au 3 juin 1900, sous la présidence effective de Paul Nadar, et d'après les formules proposées par M. Davanne, *Droit d'auteur*, 16 août 1900.

ses contrefacteurs devant les tribunaux répressifs. Si les promoteurs du projet de loi, ou quelque autre membre du Corps Législatif, étaient d'une opinion différente, il serait facile, en tout cas, de proposer pour l'article 425 une rédaction nouvelle ainsi conçue : « *Toute édition d'écrits, de composition musicale, de dessin, de peinture et de sculpture de figures ou d'ornements, ou de toute autre production*, etc. ». Les deux textes de loi, naturellement destinés à se compléter l'un l'autre, seraient mis ainsi en harmonie parfaite, et on éviterait de créer ce que, en souvenir des docteurs de l'ancien droit, on pourrait appeler, aujourd'hui encore, une *inelegantia juris*.

Octobre 1900.

Imp. J. THEVENOT, Saint-Dizier (Haute-Marne).

www.ingramcontent.com/pod-product-compliance
Ingram Content Group UK Ltd.
Pitfield, Milton Keynes, MK11 3LW, UK
UKHW032029260826
14628UKWH00006B/2838

9 782019 665821